GRöls Verlage

„Bücher sind wie Fallschirme. Sie nützen uns nichts, wenn wir sie nicht öffnen."

Gröls Verlag

Redaktionelle Hinweise und Impressum

Das vorliegende Werk wurde zugunsten der Authentizität sehr zurückhaltend bearbeitet. So wurden etwa ursprüngliche Rechtschreibfehler regelmäßig *nicht* behoben, denn kleine Unvollkommenheiten machen das Buch – wie im Übrigen den Menschen – erst authentisch. Mitunter wurden jedoch zum Beispiel Absätze behutsam neu getrennt, um den Lesefluss zu erleichtern.

Um die Texte zu rekonstruieren, werden antiquarische Bücher von Lesegeräten gescannt und dann durch eine Software lesbar gemacht. Der so entstandene Text wird von Menschen gegengelesen und korrigiert – hierbei treten auch Fehler auf. Wenn Sie ebenfalls antiquarische Texte einreichen möchten, finden Sie weitere Informationen auf www.groels.de

Viel Freude bei der Lektüre wünscht Ihnen das Team des Gröls-Verlags.

Adressen

Verleger: Hermann-Josef Gröls,

Im Borngrund 26, 61440 Oberursel

Externer Dienstleister für Distribution & Herstellung:

BoD, In de Tarpen 42, 22848 Norderstedt

Aristophanes
Der Friede

Personen

Trygäos, ein attischer Landmann
Zwei Töchterchen der Trygäos
Zwei Knechte des Trygäos
Hermes, der Gott.
Der Krieg.
Das Getümmel, sein Diener.
Der Chor, aus attischen Landleuten bestehend.
Hierokles, ein Wahrsager
Ein Sensenschmid.
Ein Helmbuschbinder.
Ein Panzerschmid.
Ein Trompetenmacher.
Ein Helmschmid.
Ein Lanzenschäfter.
Zwei Knaben.
Eirene, die Friedensgöttin, stumme Person.
Opora, die Fruchtgöttin, stumme Person.
Theoria, die Festesgöttin, stumme Person.

Erster Act

Erste Scene

Der Vorhof eine Gehöftes; auf der einen Seite ein Schweinstall, worin ein großer Käfer gefüttert wird; ***zwei Knechte,*** *ämsig beschäftigt, der eine an einem Backtrog, in welchem er Mistkuchen knetet, der andere am Schweinstall, den Käfer darin fütternd.*

Der erste Knecht *(bei dem Stalle)*
Schnell, reiche schnell dem Käger einen Kuchen her!

Der zweite Knecht *(bei dem Backtroge)*
Da! Gib's dem Unhold, den der Henker holen mag,
Und labe seinen Gaumen nie ein süßerer!

Der erste Knecht
Noch einen andern reiche her – aus Eselsmist!

Der zweite Knecht
Da sieh noch einen! Wo gerieth der andre hin?
Den fraß er nicht?

Der erste Knecht Bewahre, nein, er riß ihn weg,
Und wälzt' ihn umher mit den Füßen, und verschlang ihn ganz.
Drum knete hurtig ihrer viel' und dick noch.

Der zweite Knecht *(gegen die Zuschauer)*
Helft, helft, ihr Kothaufsammler, wollt ihr anders nicht
Mich im Gestank gleichgültig hier ersticken seh'n!

Der erste Knecht
Noch einen, einen von verliebten Knaben noch!
Denn ihn verlangt nach zartgeriebnen Brocken.

Der zweite Knecht
Hier! *(zu den Zuschauern)*
Von Einer Schuld, ihr Männer, denk' ich frei zu sein;
Denn daß ich knetend naschte, sagt wohl Kein's mir nach.

Der erste Knecht
He, reiche mehr her; einen noch und einen noch!
Und knete neue!

Der zweite Knecht Bei'm Apoll, nicht einen mehr!
Nicht länger halt' ich dieses Seegrundwasser aus;
Ich nehm' es samt dem Troge selbst und bringe dir's.
(er schafft den Backtrog nach dem Stalle hin.)

Der erste Knecht
Ei, trage du's zum Geier und dich selbst dazu!

Der zweite Knecht *(zu den Zuschauern)*
Ihr, wenn es euer Einer weiß, der sage mir's,
Wo man sich Nasen ohne Löcher kaufen kann.
Denn kein Geschäft auf Erden kann heilloser sein,
Als dieses Futterkneten für den Käger da.
Schwein oder Hund schlingt Alles, was am Wege liegt,
Frischweg hinunter; dieses Thier voll Uebermuths
Beberdet sich gar eckl, mag Nichts kosten, wenn
Ich's nicht gerieben und gerührt den ganzen Tag,

Wie einem Weib sein ausgeknetet Gerstenbrod.
Nun will ich nachseh'n, ob er ausgefressen hat,
(er geht nach dem Stalle)
Und hier die Thür halb öffnen; sonst bemerkt er mich.
(er sieht hinein und spricht zum dem Käfer:)
Nur munter, schling' hinunter, höre nimmer auf,
Bis unverseh'ns am Ende dir der Bauch zerplazt!
Wie der sich vorbückt, einem Ringer gleich, und frißt,
Und seine Kiefern gierig hin und wieder schiebt,
Und noch dazu den Rüssel und die Tazen vorn
So wild herumwirft, Seilern gleich, die angestrengt
Die dicken Taue für ein Schiff zusammendreh'n!
Ein garstig Wesen, stinkend, voll Gefräßigkeit!
Und welchem Gott wohl dieses Plagevieh gehört?
Ich weiß es nicht; der Aphrodite sicher nicht,
Auch nicht den Chariten.

Der erste Knecht Wem sonst?

Der zweite Knecht Ich glaube fest,
Die Grauen ward vom Niederdonnerer Zeus gesandt.

Der erste Knecht
Da meint vielleicht jezt Einer dort im Publikum,
Ein Männchen, das sich weise dünkt: "Wo wills hinaus?
Der Käfer da, was soll er?" Dann erwieder ihm
Ein Mann vom Ionervolke, der ihm nahe sizt:
"Ich glaube, daß auf Kleon hier gestichelt ist,
Weil der den Abgang ohne Scham hinunterschlingt."

Doch tränk' ich jezt den Käfer auch und geh' hinein.
(ab.)

Der zweite Knecht
Ich will indeß die Sache noch den Kindelein,
Zugleich den Männlein allen und den Männern dort,
Zugleich den höchsten Männern dort zu wissen thun,
Und jenen noch die Männer Uebermannenden.
(er zeigt, während er diese Worte spricht, immer weiter die Stufen des Theaters hinauf.)
Mein guter Herr hat eine Tollheit neuer Art,
Nicht so wie Ihr, nein, unerhörter neuer Art:
Den ganzen Tag lang hebt erhimmelan den Blick,
Sperrt weit den Mund auf, hadert laut mit Vater Zeus
Und ruft: "o Zeus, was denkst du endlich noch zu thun?
Leg' ab den Besen, fege Hellas nicht hinaus!"

Zweite Scene

Der Knecht. Trygäos, *anfangs hinter der Scene, dann sichtbar.*

Trygäos *(hinter der Scene)*
Hoho! Hoho!

Der Knecht
Seid still! Ich höre, dinkt mich, seine Stimme da.

Trygäos *(wie oben)*
Was willst du noch an unserm Volke thun, o Zeus?
Du raubst den Städten ihren Kern und merkst es nicht?

Der Knecht

Das ist das Unglück, eben das, wovon ich sprach:
Da hörtet ihr ein Pröbchen seiner Raserei!
Was er im Anfang, als die Raserei begann,
Gesprochen, hört noch. Also sprach er da zu sich:
"O könnt' ich doch gerades Wegs zu Zeus hinauf!"
Er baute dann sich dünne Leiterchen zurecht,
Und klomm an diesen himmelan mit Hand und Fuß,
Bis er herunterpurzelnd sich den Kopf zerfiel.
Nun gestern, da verläuft er sich, Zeus weiß wohin,
Und bringt ein großes Aetnaroß von Käfer heim,
Und zwingt mich dieses Ungethüms Stallknecht zu sein,
Indeß er selbst es, wie ein Füllen, streichelnd rief:
"Du mein erhabnes Flügelthier, mein Pegasos,
Komm, fliege mit mir grades Wegs zu Zeus hinauf!" –
Muß doch hinein hier gucken, was der Alte macht!
(er geht an die innere Hofthüre und sieht hinein.)
Ach, ach, ich Armer! Kommt, o Nachbarn, kommt heran!
Mein Herr, o schaut ,da steigt eben hoch zu Roß
Auf seinem Käfer schwebend in die Luft empor!

(Trygäos erscheint, auf einem übergroßen Käfer in die Höhe schwebend.)

Trygäos

Nur sacht, nur sacht, mein Käger, gemach!
Nicht stürme mir allzutrozig dahin,
Gleich anfangs stolz im Gefühle der Kraft,
Eh Schweiß vordringt und die Sennkraft dir
Der Gelenke sich löst in der Fittige Schwung!

Nicht schnaube so toll, ich beschwöre dich, Wurm!
Denn thust du mir dies, dann bleibe mir hier
Nur lieber dahiem in meinem Gehöft!

Der Knecht
O Gebieter und Herr, wie bist du verrückt!

Trygäos
Still doch! Still doch!

Der Knecht
Wo steuerst du blindlings hin in die Luft?

Trygäos
Hoch flieg' ich empor, den Hellenen zu Heil:
So verwegen, so neu ist, was ich ersann.

Der Knecht
Was fliegst du? Warum so vergeblich getollt?

Trygäos
Sprich Günstiges nur! Und muxe mir ja
Kein faules Geschwäz: nein, jauchze mir zu!
Und den Bürgern gebeut, recht stille zu sein,
Und die Gänge des Koths und die Haufen des Dungs
Ganz neu mit Ziegeln umher zu verbau'n,
Und ein Schloß an die Steiße zu legen.

Der Knecht
Unmöglich kann ich schweigen, bis du mir erklärst,
Wohin zu fliegen du gedenkst.

Trygäos Wohin? Zu Zeus
Hinauf in Himmelshöhen.

Der Knecht Und was willst du da?

Trygäos
Ich will den Gott befragen um's Hellenenvolk
Gesamt und sonders, was er ihm zu thun gedenkt.

Der Knecht
Und, steht er dir nicht Rede – ?

Trygäos Dann verklag' ich ihn,
Daß er dem Medervolke Hellas' Volk verrieth.

Der Knecht
Bei Gott, so lang Ich lebe, thust du solches nicht!

Trygäos
Es ist einmal nicht anders. *(er steigt höher)*

Der Knecht *(ruft in das Haus hinein)* Holla! Hollahoh!
Ihr Kinder, euer Vater geht davon und läßt
Euch hier als Waisen, fliegt geheim zum Himmel auf!
Ihr Armen, fleht den Vater um Erbarmen an!

(Die beiden Töchterchen des Trygäos treten aus dem Hause.)

Dritte Scene

Die Vorigen. Die Töchterchen des Trygäos

Ein Töchterchen
Väterchen, Väterchen, soll ich es glauben,

Was das Gerücht bis in unser Gemach trug?
Willst du mit Vögeln, verlassend die Deinigen,
Hoch in die Luft zu den Raben entweichen?
Ist was Wahres daran? Sprich, Väterchen, wenn du mich lieb hast!

Trygäos

Kind, das läßt sich vermuthen: gewiß ist, daß es mich herzlich
Jammert um euch, wenn ihr bittet um Brod und Papachen mir zuruft,
Während von Geld auch nicht Ein winziges Körnchen im Haus ist.
Wenn mir's gelingt un dich komme zurück, dann sollt ihr im Nu mir
Einen gewaltigen Weck, als Zukost Püffe bekommen.

Das Töchterchen

In welcher Art denn legst du deinen Weg zurück?
Denn keine Schiffe fördern dich hauf diesem Pfad.

Trygäos

Mich trägt ein Flügelrößchen, Schiffe brauch' ich nicht.

Das Töchterchen

Doch welcher Einfall, daß du dir den Käfer hier
Anschirrst, zu reiten in der Götter Reich, Papa?

Trygäos

Aesopos' Fabeln lehren uns, daß der allein
Von allen Fluggeschöpfen kam in's Götterreich.

Das Töchterchen

Unglaublich, Märchen, was du sagst, Papa, Papa,
Ein solchen Stinkthier sei gelangt in's Götterreich!

Trygäos

Als Feind des Adlers kam er hin vor alter Zeit,
Und wälzte, sich zu rächen, ihm die Eier weg.

Das Töchterchen

O hätt'st du lieber angeschirrt den Pegasos!
So schienst do doch den Göttern etwas tragischer.

Trygäos

Da braucht' ich doppelt Futter ja, du thöricht Kind,
Indeß ich jezt mit Futter, das ich selbst zuvor
Verzehrte, diesen hinterher abfüttere.

Das Töchterchen

Doch, wenn in feuchten Meeresgrund er niederstürzt,
Wie hilft er als ein Flügelthier sich dann heraus?

Trygäos

Mein Steuer nahm ich weislich mit, das brauch' ich dann,
Und lenke so mein naxisch Käferboot dahin.

Das Töchterchen

Welch eine Bucht denn nimmt die Umgetrieb'nen auf?

Trygäos

Dort im Piräeus find' ich ja die Käferbucht.

Das Töchterchen

Nur Eins beachte, daß du nicht im Schwindel dort

Herunterfällst, und hinkend dann dem Euripedes
Den Stoff zu Märchen bietest und zum Trauerspiel.

Trygäos

Da werd' ich selbst schon sorgen. Nun gehabt euch wohl!
(die Kinder gehen in's Haus zurück.)
Doch ihr, für die ich diesen Kampf auskämpfen will,
Laßt keinen Wind los, stänkert nicht, der Tage lang;
Denn wenn der Käger Etwas riecht in hoher Luft,
So schnellt er häuptlings mich hinab und schwelgt im Duft.
(indem er immer höher steigt, zum Käfer:)
Nun, Pegasos, auf, zeuch fröhlich dahin!
Laß klirren des Goldzaums blankes Gebiß,
Und lausche mit heiterem Ohre dem Klang! –
Was beginnst du? Was ist's? Was beugst du dich so
Mit den Nüstern hinab zu den Gängen des Koths?
Auf, hebe dich kühn von der Erde hinweg,
Und die Schwingen der Hast ausbreitend im Flug,
Zeuch grade hinein zum Palaste des Zeus,
Von dem Kothe die Nas' abwendend und fern
Dich haltend vom Mahl alltäglicher Art.
(zur Erde hinabschauend)
Was machst du, Gesell, du, der dort kackt
Im Piräeus links an dem Hurenrevier?
"Tod bringst du mir, Tod!" He, scharr' es doch ein,
Und schütte darüber des Erdreichs viel,
Und pflanze darauf Serphyllon, zugleich
Geuß Salbe darauf! Denn, stürz' ich hinab

Und breche den Hals, dann werde das Volk
Auf Chios um fünf Talente gebüßt,
Um deinem Popo zu vergelten!
Wie graut mir! Wehe! Nicht im Scherze ruf' ich so.
Maschinenmeister, habe ja wohl Acht auf mich!
Schon kreist ein Wind um meinen Nabel her; so sei
Vorsichtig, oder füttr' ich gleich den Käger ab!
(der Olympos wird mit den himmlischen Wohnungen sichtbar.)
Doch nahe, scheint es, bin ich hier den Göttern schon;
Ja recht! Ich sehe da bereits das Haus des Zeus.
(er steigt ab, und pocht an die Thüre.)
Wer ist des Zeus Thürhüter? Macht doch endlich auf!

Vierte Scene

Trygäos. Hermes.

Hermes
Wo scholl die Menschenstimme her? Herakles hilf!
Welch Ungethüm erblick' ich dort?

Trygäos Ein Käferroß.

(Hermes gewahrt jezt erst den Trygäos.)

Hermes
Verworfner du, Tollkühner, Unverschämter du,
Verruchter, allverruchter, erzverruchter Schuft,
Wie kamst du hieher, aller Schufte Schuftigster?
Was ist dein Name? Sagst du's nicht?

Trygäos Verruchter Schuft.

Hermes
Wie heißest du von Stamme? Sprich!

Trygäos Verruchter Schuft.

Hermes
Dein Vater, Mensch, wie heißt er?

Trygäos Wie? Verruchter Schuft.

Hermes
Ha, bei der Erde, sterben sollst du mir sofort,
Bekennst du nicht zur Stelle, wie dein Name heißt.

Trygäos
Trygäos, schlichter Winzer vom Athmonergau,
Kein Sykophant, kein Zänker, der stets Händel sucht.

Hermes
Was führt dich hierher?

Trygäos Diesen Schinken bring' ich dir.
(er gibt ihm ein Stück Fleisch aus seiner Reisetasche)

Hermes
Nun, armer, Schelm, wie kamst du her?

Trygäos Sieh, Leckermaul!
Erschein' ich dir auch jezt noch als verruchter Schuft?
Geh' izt und rufe mir den Zeus!

Hermes O je! O je!
Daß du den Göttern nahtest, war dir nicht bestimmt;
Denn alle zogen gestern aus, hinweg von hier.

Trygäos
In welches Land?

Hermes
Was? Land!

Trygäos
Wohin sonst?

Hermes
Gräßlich weit,
Ganz oben in der Himmel Zellenwerk hinein.

Trygäos
Was aber ließ man unten dich allein zurück?

Hermes
Der Götter übrig Hausgeräth bewach' ich hier,
Die Töpfchen und die Brettchen und die Krügelchen.

Trygäos
Und was bewog die Götter, auszuzieh'n von hier?

Hermes
Sie zürnten Hellas' Volke; da denn haben sie
Hier, wo sie selbst sonst wohnten, eingelegt den Krieg,
Ganz frei mit euch zu schalten, wie es ihm beliebt.
Sie selber bauten möglichst hoch sich oben an,

Um Nichts hinfort von euren Kämpfen mehr zu sehn,
Und Nichts u hören, wenn ihr fleht um ihren Schutz.

Trygäos
Was stimmte sie zu solchem Groll? Dies sage mir.

Hermes
Weil euch der Krieg erwünschter war, wie oft sie selbst
Auch Frieden boten. Wenn das Volk Lakonia's
Ein wenig Vorsprung hatte, rief es ungestüm:
"Bei Kastor, büßen soll es jezt, das Athenerlein!"
Und lachte dnn wieder dem Athenerling das Glück,
Und trafen dann aus Sparta Friedensboten ein,
So riefet ihr wohl hastig: "uns belistet man,
Ja wohl, bei Pallas Athene! Gebt nicht nach, bei Zeus!
Sie kommen wieder, halten wir nur Pylos fest!"

Trygäos
Ja, so geprägt sind unsre Reden hier zu Land.

Hermes
Drum weiß ich nicht, ob euch die Friedensgöttin je
Fortan vor Augen kommen wird.

Trygäos Wo schwand sie hin?

Hermes
Sie ward vom Krieg in eine tiefe Kluft gestürzt.

Trygäos
In welche?

Hermes Die da drunten; und du siehst zugleich,
Wie viel er oben Steine noch darauf geschleppt,
Daß ihr sie niemals mehr bekommt.

Trygäos O sage mir,
Was hat der noch weiter vor mit uns zu thun?

Hermes
Nichts weiß ich als das Eine, daß er Abends spät
Sich einen Mörser, riesengroß, hereingeschleppt.

Trygäos
Der Mörser da – zu welchem Zwecke dient er ihm?

Hermes
Zusammenstampfen will er Hellas' Städte drin.
Nun will ich gehen; denn er kommt alsbald heraus,
So däucht mir; innen lärmt er schon. *(geht ab.)*

Trygäos Ich Armer, weh!
Auf, laß mich ihm entlaufen! Denn es war mir selbst,
Als dröhnte mir des Schlachtenmörsers Klang in's Ohr.

Fünfte Scene

Trygäos. Der Krieg, *einen mächtigen Mörser tragend.* ***Das Getümmel.***

Der Krieg
O Menschen, Menschen, Menschen unglückselige!
Wie werden euch die Backen alsbald wehe thun!

Trygäos *(gegen die Zuschauer)*

O Fürst Apollon, welchen Schlund der Mörser hat!
Und dieser Blick des Krieges, welch ein Grauen schon!
Das ist der Unhold also, den wir alle flieh'n,
Der Grause, der mit festem Fuß niemals entweicht!

Der Krieg

Ha, Prasiä, dreifach, dreißigfach und hunderfach
Unglücklich, heute sollst du noch zu Grunde gehn!
(er wirft Prasiä, d. i. Lauch, in den Mörser)

Trygäos *(wie vorhin)*

Daher, o Männer, droht für uns noch keine Noth:
Denn dieses Unheil trifft ja nur das Sparteland.

Der Krieg

Ha, Megara, Megara, du zerstäubst samt Burg und Port
Mit Einem Stoß in Einen Mörserbrei zerstampft!
(er wirft Zwiebeln in den Mörser.)

Trygäos *(wie vorhin)*

Poz alle Welt! Welch schweres, bittres Tränenbrod
Hat da der Unhold eingebrockt den Megarern!

Der Krieg

Auch du Sikelia, wehe dir, sollst untergehn!
(er wirft Käse hinein.)

Trygäos

Weh, solche Perle soll zerschabt wie Käse sein!

Der Krieg

Auf,gieß' ichauch nch diesen attischen Honig drauf!
(er gießt Honig darauf.)

Trygäos *(halblaut)*

Du, nimm dir andern Honig, Freund, ich rathe dir;
Der kostet vier Obole; spare den attischen!

Der Krieg

Bursch, Bursch! Getümmel!

Das Getümmel *(aus dem Hause tretend)* Rufst du mich?

Der Krieg Bald heulst du laut:
Was stehst du müssig? Koste hier einmal die Faust!

Trygäos *(für sich.)*

Das beißt!

Das Getümmel O weh mir Armen! Ach, mein lieber Herr!
Hast du vom Knoblauch was gethan in deine Faust?

Der Krieg

Fort, hole mir den Stämpfel her!

Das Getümmel Ja, guter Herr,
's ist keiner da; wir zogen gestern erst herein!

Der Krieg

So springe, hole von Athen mir einen her!

Das Getümmel

Herr, fliegen will ich!
(für sich) Sonst erhalt' ich wieder was.
(ab.)

Trygäos

Nun, was beginnen, arme Menschenkinder ihr?
Ihr seht die Größe der Gefahr, die uns bedroht.
Denn wenn er ankommt und em Herrn den Stämpfel bringt,
Sezt der sich hin, und stößt die Städte klein damit.
Doch (Bacchos, hilf!) er sterbe, bringe nichts zurück!

(Das Getümmel kommt zurück.)

Der Krieg

Du!

Das Getümmel

Was verlangt dich?

Der Krieg Bringst du Nichts?

Das Getümmel Ach, jenes Ding –
Verloren ging es aus Athen, der Stämpfel, Herr –
Der Gerber, der ganz Hellas einst durchrüttelte.

Trygäos

O heilige Herrin Athene, das war wohlgethan,
Der ging verloren für die Stadt zu rechter Zeit,
Bevor er solchen Mörserbrei un eingerührt!

Der Krieg

Jezt einen andern hole mir von Sparta her,
Und eile!

Das Getümmel Ja, Gebieter!

Der Krieg Komm nur schnell zurück!

(Das Getümmel ab.)

Trygäos

Wie wird's mit uns geh'n Männer? Groß ist nun die Noth.
Wenn unter euch hier irgendwer die Weih'n empfing
In Samothrake, nun geziemt ein laut Gebet,
Daß der die Beine verrenke, der den Stämpfel holt!

Das Getümmel *(kommt zurück.)*

O weh mir Armen, wehe mir, ja wehe mir!

Der Krieg

Was ist es? Bringst du wieder Nichts?

Das Getümmel Verloren ging
Der Stämpfel auch dem Spartiatenvolke Herr.

Der Krieg

Wie so, du Schlingel?

Das Getümmel Dort im Thrakerlande lieh'n
Sie Fremden ihren Stämpfel, und verloren ihn.

Trygäos

Schön, schön, o Dioskuren, das war wohlgethan!
Noch kann es wohlgeh'n! Fasset Muth, ihr Sterblichen!

Der Krieg *(zum Getümmel)*

Da nimm das Zeug und trag' es wieder weg: ich will
Hinein, mir eine Keule selbst zu fertigen!

(Beide ab.)

Sechste Scene

Trygäos.** Hernach **der Chor

Trygäos

Jetzt ist das Lied des Datis ganz an seinem Platz,
Das der, sich kraulend, bei der Mittagsruhe sang:
"Wie freu' ich mich und labe mich und jauchze mich!"
Nun, Hellas' edle Söhne, nun geziemt es uns,
Vom Hader und vom Kampfe frei, den Frieden dort
Den allgeliebten, aus dem Schlund herauszuzuieh'n,
Bevor ein andrer Stämpfel uns es wieder wehrt!
Ihr Feldbesteller, Krämer, ihr Beflissenen
Der Kunst, des Handwerks, Schuzgenossen, Fremdlinge,
Ihr Inselmänner, kommt heran, kommt, alles Volk!
Ungesäumt ergreift die Hacken, nehmet Hebelbaum und Strick!
Nun gelingt's uns, wir erhaschen einen Trunk vom guten Geist.

Der Chor

Wandelt Alle frohen Muthes hier heran zu Glück und Heil!
Auf, Gesamthellenen, laßt uns helfen jezt, wenn irgend sonst;
Abgethan sei jede Fehde, fern des Krieges blut'ger Tanz!
Denn die Sonne leuchtet heute feindlich auf für Lamachos.
Was dazu von uns gescheh'n muß, sage du, werkmeist're du:

Denn die Hände ruh'n zu lassen, ist mir heut unmöglich, traun,
Bis der Himmel höchste Göttin und die rebenfreundlichste
Wir mit Hebeln und Maschinen an das Licht heraufgebracht.

Trygäos

Stille doch, damit ihr innen nicht im Uebermaß der Lust,
Wenn ihr lärmt und schreit, des Krieges alte Glut von neuem weckt!

Der Chor

Solchen Heroldsruf zu hören, freu'n wir uns von Herzen, Freund;
Dess es hieß nicht: "kommt und bringet Zehrung auf drei Tage mit!"

Trygäos

Hütet euch jezt nur vor Ihm da drunten, vor dem Höllenhund,
Daß er polternd nicht und schreiend, wie er einst auf Erden that,
Uns verhindert, unsre Göttin an das Licht heraufzuziehn.

Der Chor

Nimmerdar soll Einer kommen, der die Holde mir entreißt,
Wenn sie nur einmal in meine Hände kam: juheh, juheh!

Trygäos

Weh, ihr tödtet mich ihr Männer, hemmt ihr nicht des Jubels Ruf:
Denn er stürzt heraus, zerstampft uns Alles hier mit Einem Tritt!

Der Chor

Rüttl' er um und trete nieder, und zerstampf' er Alles hier!
Können wir doch unsre Freude nicht bezähmen, heute nicht!

(Der Chor beginnt zu tanzen.)

Trygäos

Welch ein Unfug! Was beginnt ihr, Leute? Bei der Götter Macht!
O zerstört das schönste Werk doch nicht mit eurem tollen Tanz!

Der Chor

Nun, so will ich nimmer tanzen; aber selbst, aus bloßer Lust,
Ohne daß ich nur mich rühre, hüpfen mir die Beine fort.

Trygäos

Nur für jetzt nich länger! Höre, höre nun zu tanzen auf!

Der Chor

Sieh, wir hören auf!

Trygäos Du sagst es, aber tanzest immer fort.

Der Chor

Nur den Einen Schleifer laß uns tanzen noch, dann keinen mehr!

Trygäos

Gut, den Einen, noch den Einen, aber dann nicht weiter mehr.

Der Chor

Keinen Schritt mehr will ich tanzen, wenn es dir was nüzen kann.

Trygäos

Aber seht, ihr tanz noch immer.

Der Chor Hoben wir das rechte Bein

Nur noch Einmal auf, gewiß, dann stellen wir das Tanzen ein.

Trygäos

Nun, das Eine noch, um endlich meines Aergers los zu sein!

Der Chor

Aber auch das linke Bein hier zwingt mich fort und fort zum Tanz.
Denn ich bin vergnügt und jauchze, farze laut und lache laut,
Wie verjüngt vor lauter Freude, weil ich nun dem Schild entrann.

Trygäos

Nur für jezt nicht mehr gejubelt: könnt ihr doch nicht

sicher sein!
Aber, hoben wir die Göttin, dann, o Männer, freuet euch,
Jubelt hell und lachet hell auf!
Denn erlaubt ist Alles wieder:
Schifft und rastet, schlaft und liebelt,
Schaut der großen Spiele Feier,
Schmaust und zechet, kottabizelt,
Sybarizelt,
Schreit juhei, juheissasa!

Der Chor

Daß ein Gott mir noch vergönnte, diesen Tag einmal zu schaun!
Denn ich trug viele Noth,
Lag auf Strohbetten, hart,
Wie die Streu Phormions.
Traun, du sollst als Richter fortan nimmermehr mich herb und barsch,
Noch erbarmungslosen Sinnes finden, wie wohl ehedem;
Nein, du sollst freundlich und
Sanft mich seh'n, jugendlicher,
Wurden wir des Krieges los.
Denn bereits lang genug
Hat man uns matt gequält,
Treibt man uns hin und her
Zum Lykeion vom Lykeion, mir dem Wurfspeer, mit dem Schild.
Aber auf, sage mir,
Wo ich dir allermeist

Dienen kann; denn das Stück
Hat dich uns als Alleinherrn bestellt.

Siebente Scene

Trygäos. Hermes. Der Chor.

Trygäos
Auf, laß mich seh'n: wo wälzen wir die Steine hin?

(Hermes kommt aus dem Hause, wie Trygäos eben um die Steinkluft beschäftigt ist.)

Hermes
Tollkühner Frevler, was gedenkst du hier zu thun?

Trygäos
Nichts Arges, wahrlich, eben nur, was Killikon.

Hermes
Du bist des Todes, Armer –

Trygäos Wenn das Loos mich trifft.
Doch bist du Hermes, lenkst den Wurf, ich weiß wohin.

Hermes
Des Todes, ganz des Todes, Mensch!

Trygäos Auf welchem Tag?

Hermes
Im Augenblick.

Trygäos Doch hab' ich noch nichts eingekauft,
So wenig Mehl als Käse, für den Todesgang.

Hermes
Gleichwohl, du bist vernichtet.

Trygäos Und wie kommt es denn:
Ich merke nichts, daß solches Heil mir widerfuhr?

Hermes
So wisse, Zeus hat Jedem angedroht den Tod,
Der sie herauszuholen wagt.

Trygäos Nun muß ich wohl
Auf alle Fälle sterben, Herr?

Hermes Verlaß dich drauf.

Trygäos
So leihe mir drei Drachmen für ein Ferkelchen;
Denn ich bedarf der Weihe, vor dem Tode noch.

Hermes
O Zeus in Bliz und Donner –

Trygäos Bei den Göttern, nein!
Nicht wolle mich verrathen, Herr, ich bitte dich.

Hermes
Nicht schweigen darf ich.

Trygäos Um des Fleisches willen, still!
Das ich mit frohem Herzen dir heraufgebracht.

Hermes
Du Thor, vertilgen wird mich gleich Zeus' Donnerstrahl,
Posaun' ich's ihm nicht gellend in die Luft hinaus.

Trygäos

Posaune jetzt nicht, Hermchen, ich beschwöre dich!
(zu dem Chore)
Sagt mit, Männer, wie geschieht euch? Ganz erschüttert steht ihr da!
Memmen ihr, seid nicht so lautlos: sonst posaunt er Alles aus!

Der Chor

Nimmermehr, gestrenger Hermes, nimmermehr, nein, nimmermehr!
Weißt du noch, wie ich dir
Ferkel oft aufgetischt,
Die dir süß schmeckten Herr,
Achte du doch solche Gabe nicht gering in solcher Noth!

Trygäos

Hörst du nicht, wie die dir schmeicheln, mein gestrenger Fürst und Herr?

Der Chor

Schaue nicht grollend auf
Unser Fleh'n, wehre nicht,
Sie zu heben aus der Gruft!
Nein, mit Huld blick' auf uns,
Meschenfreund, gabenreich,
Gütig, wie kein andrer Gott,
Graut dir anders vor Peisandros' Mähnenbusch und Augenbrau'n!
Und ich will Dankes voll

Feierlicher Opfer Zoll
Stolzer Umzüge Pomp
Dir, o Herr, jubelnd weih'n allezeit!

Trygäos
O laßt ihr Flehn dich rühren, ich beschwöre dich!
Sie zollen dir doch Ehre, mehr denn je zuvor.

Hermes
Sie sind ja jezt auch Diebe, mehr denn je zuvor.

Trygäos
Ein Ding, gefährlich, ernster Art, entdeck' ich dir,
Das gegen alle Götter angesponnen wird –

Hermes
Wohlan, enthüll' es: denn vielleicht bewegst du mich.

Trygäos
Selene nämlich und der arge Sonnengott,
Verschworen beide wider euch schon lange Zeit,
Verrathen Hellas heimlich an's Barbarenvolk.

Hermes
Aus welchem Grunde thun sie das?

Trygäos
Weil wir, bei Zeus,
Euch spenden unsrer Opfer Dank, und ihnen nur
Barbaren opfern. Darum wünschen sie mit Grund
Euch alle sammt und sonders ausgetilgt zu sehn,
Daß sie der Götter Weihen dann allein empfah'n.

Hermes

Drum stahlen sie schon lange von den Tagen ab,
Und kürzten an den Zeiten aus Fahrlässigkeit.

Trygäos

Ja freilich. Deßhalb, Lieber, lege wohlgemuth
Hand an, die Göttin, uns vereint; herauszuziehn.
Dir feiern wir die großen Panathenäen dann,
Der andern Götter Feste samt und sonders auch,
Zeus' Fest, Adonis' Feste, samt Mysterien.
Ach andre Städte werden, frei der Kriegsnoth,
Dem Hort in Leid, dir, Hermes, allwärts Opfer weih'n;
Auch sonst des Guten wird dir viel. Vor Allem nimm
Von mir den Becher hier, damit du spenden kannst.
(er gibt ihm einen goldenen Becher.)

Hermes

O wie das Gold doch immer mir das Herz erweicht! –
(zu dem Chore:)
Euer ist nunmehr das Werk hier, Männer! Auf denn, geht hinan,
Nehmt die Hacken, und in aller Eile schleppt die Steine weg!

Der Chor

Also thun wir: du, der Götter schlauster, sei zu Rath und That
Uns gesellt, und was zu thun ist, ordne du werkmeisterlich!

Auch zum andern Dienste sollst du mich bereit und rüstig sehn.

Trygäos *(zu Hermes)*

Wohlan, geschwind denn halte du den Becher her,
Daß wir das Werk einbechern und den Göttern flehn.

Hermes

Spende, Spende!
Schweigt voll Andacht, schweigt voll Andacht!
(er gießt die Spende aus.)

Trygäos

Zur Spende laßt uns beten, daß der heut'ge Tag
Der ganzen Hellas viels Glücks Urheber sei,
Und daß der Mann, der wacker an den Seilen mit
Angreift, hinfort zum Schilde niemals greifen muß!

Der Chor

Nein, daß ich friedlich spinnen mag der Tage Rest,
Und meine Kohlen schüren darf, dir Dirn' im Arm!

Trygäos

Wenn aber Jemand lieber Krieg zu haben wünscht,
Der werde niemals fertig, bei Dionysos' Macht,
Aus seinen Armen spize Pfeil' herauszuziehn!

Der Chor

Und wenn ein Mann, nach Häuptlingsehre lüstern, dir
Mißgönnt an's Lich zu steigen, hohe Königin,
So geh' es ihm im Felde, wie dem Kleonymos!

Trygäos

Und wenn ein Schildverkäufer, wenn ein Lanzenschmid,
Des bessern Marktes wegen, Krieg und Schlacht begehrt;
In Räuberhände fallend, ess' er Gerste nur!

Der Chor

Und wenn ein Bürger, wei er Feldherr werden will,
Ein Knecht, der Ueberlaufen will, nicht ziehen hilft;
Am Rade werd' er umgedrillt und durchgepeitscht!
Doch uns erblühe Gutes! Heil, Ferntreffer, Heil!

Trygäos

Das "Treffen" laß bei Seite; Heil; Heil rufe nur!

Der Chor

Heil also ruf' ich, rufe nichts als: Heil, o Heil!

Trygäos *(indem er den Göttern, die er nennt, die Spenden ausgießt)*

Dem Hermes und den Chariten,
Den Horen und der Kypris und dem Eros dies!

Der Chor

Und Ares –?

Trygäos Nein!

Der Chor Auch Enyalios nicht?

Trygäos O nein!

Der Chor

Frisch greifet an, ihr alle! Zieht die Taue, zieht!

(Der Chor zieht an den Tauen, die durch die Orchestra hin bis ind den Abgrund reichen, um die Friedensgöttin herauszuheben, unter gegenseitigen Zurufen.)

Hermes
Ho heia!

Der Chor Heia frisch!

Hermes Ho heia!

Der Chor Heia frisch!

Hermes
Ho heia! Ho heia!

Trygäos
Sie ziehen ja ganz ungleich an den Tau'n.
(zu den Böotern, die sich seitwärts gestellt haben:)
Greift an mit einander! O sträubt euch nicht!
Bald sollt ihr es büßen, Böoter!

Hermes
Heia nun!

Trygäos
Heia ho!

Der Chor *(zu Hermes und Trygäos)*
Ihr beide, wohlan, helft auch mitzieh'n!

Trygäos
Ich ziehe ja schon und hänge mich an,
Und stemme mich an, und mühe mich ab.

Der Chor

Und gleichwohl geht's nicht vorwärts.

Trygäos

Ha, Lamachos, unrecht, daß du hier in den Weg dich drängst!
O Mensch, wir brauchen dein Gespenst im Schilde nicht.

Hermes

Auch Argos' Söhne ziehen hier schon lange nicht;
Sie lachen nur die Leute, die sich placken, aus,
Und essen ruhig hier und dort ihr Söldnerbrod.

Trygäos

Doch die Lakonen, Lieber, die zieh'n tapfer an.

Hermes

Du weißt ja: wer von ihnen noch am Holze liegt,
Die zögen gerne; doch der Wehrschmid läßt sie nicht.

Der Chor

Auch dort die Megarer schaffen nichts; doch ziehen sie,
Am Fleische zerrend, Hündchen gleich, recht kümmerlich;
Der Hunger hat sie freilich schon ganz abgezehrt.

Trygäos

Wir fördern nichts, o Männer; auf einmüthig geh'n
Wir alle wieder mit vereinter Kraft an's Werk!

(Alle fassen wieder an.)

Hermes
Ho heia!

Trygäos Heia ho!

Hermes Ho heia!

Trygäos Ho, bei Zeus!

Hermes
Ho heia! Ho heia!

Der Chor
Kaum rücken wir vor!

Trygäos
Abscheulich ist's,
Die hier zieh'n an, die ziehn zurück!
Bald fühlt ihr die Faust, ihr Argeier!

Hermes
Heia nun!

Trygäos
Heia ho!

Der Chor
Böswillige gibt's in unseren Reih'n.

Trygäos
Auf, ihr denn, die voll Sehnsuchtschmerz
Nach dem Frieden verlangt, zieht mannhaft, zieht!

Der Chor
Doch stören so Viele das Werk hier.

Trygäos

Ihr Megareer, schert euch zum Geier fort!
Euch haßt die Göttin herzlich und gedenkt es euch,
Daß ihr zuerst mit eurem Knoblauch sie gesalbt.
Auch euch, Athener, sag' ich, faßt nicht länger mehr
Das Seil an jenem Ende, wo bisher ihr zogt:
Denn nichts betreibt ihr weiter als Processe nur.
Doch wenn ihr ernstlich sie heraufzuheben wünscht,
So ziehet euch ein wenig an das Meer zuück.

Der Chor

Auf, Männer, schaffen wir allein das Werk, wir Landbesteller!

(Der Chor allein faßt die Taue.)

Hermes

Schon geht es, wenn ihr ziehet nur, viel besser, traun, ihr Männer!

Der Chor

Schon geht es, meint er; alle denn greift an und schaffet wacker!

Hermes

Fürwahr, die Bauern ziehen sie heraus, und weiter Niemand!

Der Chor

Frisch auf! All' auf!
Schon ist die Göttin nahe.
Nicht nachgelassen jezo, nein,

Mannhafter nur euch angestrengt!
Schon ist es uns gelungen!
(Die Friedensgöttin steigt aus der Tiefe, mit ihr Opora und Theoria.)
Ho heia nun! Ho heia rings!
Ho heia, heia, heia, heia!
Ho heia heia ring!

Achte Scene

Hermes. Trygäos. Der Chor. Die Friedensgöttin. Opora. Theoria.

Trygäos

O hehre Traubenspenderin, wie grüß' ich dich!
Wo nehm' ich's her, das Zehentausendfuderwort,
Um dich zu grüßen? Denn ich habe kein's daheim.
Opora, Heil dir! Sei gegrüßt, Theoria!
Welch lieblich Antliz hast du doch, Theoria!
Wie duftest du, wie lieblich, bis in's Herz hinein,
So wonnig süß, wie Waffenruh und Nardenöl!

Hermes

Und wahlich gar nicht einem Kriegstornister gleich.

Der Chor

Pfui vor des eklen Söldlings, eklem Kriegsgepäck!
Da duftet's ja nach Zwiebelessigrülpsen nur,
Und hier nach Ernte, Luftgelag, Dionysosfest,

Schalmei'n, Tragödien, Sophokles, Krammtsvögelchen,
Nach Verschen aus Euripedes –

Trygäos Das büßest du,
Die Göttin so zu läßtern! Denn sie liebt gewiß
Den Dichter nicht mit seinen Anwaltsrednerei'n.

Der Chor
Weinschläuchen, Epheu, Lämmerblöken auf der Trift,
Geschürzten Frauen, eilend auf das Feld hinaus,
Betrunknen Dirnen, umgestürztem Trinkgeschirr,
Und vielem andern Guten.

Hermes Auf, betrachte nur,
Wie traulich dort die Städte, wieder ausgesöhnt,
Zusammenplaudern, wie sie lachen frohes Sinns,
Obgleich von Striemen grausenhaft die Haut zerfleischt
Gesammt und sonders, und mit Schröpfhütlein behängt!

Trygäos
Nun sieh dir auch die Gesichter an im Publikum:
Daran erkennst du jed Gewerb.

Hermes Abah, du Schelm!
Gewahrst du nicht, wie dort der Helmbuschbinder sich
Das eigne Haar zaust, und der Hackenmacher hier
Dem Meister Schwertner in's Gesicht den Schwefel bläst?

Trygäos
Und der Sensenmacher, siehst du wohl, wie der sich freut,
Wie der dem Nachbar Lanzenschäfter Esel bohrt?

Hermes

Auf, schicke nun die Landbesteller wieder heim!

Trygäos

Ihr Völker, hört! Die Landbesteller schick' ich heim.
Nehmt eure Feldgeräthe, zieht auf's Land hinaus
Ungesäumt und ohne Wurfspeer, ohne Lanz' und ohne Schwert!
Aller Orten waltet hier jetzt Friede, wie zur alten Zeit;
Gehe Jeder denn zu Arbeit auf das Feld und juble laut!

Der Chor

Holder Tag, von allen Guten und dem Landmann heißersehnt!
Fröhlich, nun ich dich gesehen, grüß' ich meine Reben dort:
Auch ihr Feigenbäume, dich ich selbst gepflanzt, ein Knabe noch,
Wie verlangt mich's, euch zu grüßen nach so langer, langer Zeit!

Trygäos

Nun, o Männer laßt zuerst uns mit Gebet uns wenden hier
An die Götter, die von Helmbusch uns erlöst und Gorgobild!
Ungesäumt dann zieh'n wir alle friedlich heim nach Haus und Hof,
Wann wir erst ein gutes Stückchen Pökelfleisch für's Land gekauft.

(Der Chor stellt sich auf.)

Hermes

Großer Zeus, wie wallt so stattlich dort der Menschenschwarm dahin,
Großer Zeus und festgeknetet, wie Gebäck und Volksgelag!

Trygäos

Ja bei Zeus, denn hergerüstet ist die Hacke glänzendhell,
Und die dreigezackten Karste leuchten blank im Sonnenlicht;
Stattlich, traun, in Wechselreihen ragten sie, wie Reb' und Baum!
Drum verlangt's auch mich so herzlich, auf das Feld hinauszugeh'n,
Und einmal mein Gütchen wieder umzuschaufeln mit dem Karst.
Auf denn, eingedenk, o Männer,
Sei der alten Art und Sitte,
Welche sie euch einst gewährte,
Jenes eingemachten Obstes,
Jener Feigen, jener Myrten,
Jenes ersten süßen Mostes,
Auch des Veilchenbeets am Brunnen,
Auch der Oelbäum' unsrer Sehnsucht:
Alles dessen
Fromm gedenkend, weiht, o Männer,
Preis und Dank der Göttin hier!

Der Chor

Heil, o Heil dir, Theuerste!
Welche Wonn' uns, daß du kamest!
Sehnsuchtsvoll harrt' ich dein:
Denn mich trieb's lange schon,
Auf das Land heimzuzieh'n.
Denn du warst der größte Segen,
Heißersehnte, stets für uns
Alle, die, ohne Harm
Lebend, ihr Feld gebaut.
Uns Nuzen schafftest du allein.
Vieles ja gewährte dein
Walten uns, des Guten Vieles,
Ungekauft, gerngegönnt.
Ja, du warst uns Feldbestellern
Gnadenhort und Gerstenmus.
Darum beut, frischumlaubt,
Reb' am Stock, Feig' am Baum,
Alles, was keimt und sproßt,
Zum Emfpang lachend dir frohen Gruß.

Der Chorführer *(zu Hermes)*

Aber wo die lange Zeit durch unsre Göttin fern von uns
Weilte, davon gib mir Kunde, du der Götter gütigster!

Hermes

Ihr veramrmten Landbesteller, achtet meiner Rede wohl,
Wollt ihr anders gründlich hören, wie die Göttin euch entschwand.
Alles Unheils Quelle war das Mißgeschick des Pheidias.

Perikles darauf, besorgend, daß er theile gleiches Loos –
Denn vor eurem Zorne bangt' ihm, eurer bissigen Natur –
Sezte schnell die Stadt in Flammen, eh' ihn selbst das Schlimme traf.
Durch das eingeworfne Fünklein, jenen Schluß ob Megara's,
Blies er an so große Kriegsflamme, daß vom Rauch sofort
Allem Volk die Augen thränten, fern und nahe, dort und hier.
Kaum vernahm davon der Weinstock, fuhr er alsbald knatternd auf,
Kaum das Faß, vom Schlag getroffen, schlug im Zorn auf's andre Faß;
Nirgend war ein Ziel des Haders, und die Göttin schwand hinweg.

Trygäos

Bei'm Apollon, noch von Niemand hab' ich sowas je gehört,
Wußte nie, daß mit der Göttin Pheidias verbunden sei.

Der Chor

Wußten's auch noch nicht bis heute. Darum war sie wohl so schön,
Weil sie Pheidias verwandt ist. Unser Eins weiß wenig doch!

Hermes

Als darauf die Städte hörten, deren Oberherrn ihr wart,
Wie erboßt ihr auf einander wärt und euch die Zähne

wiest,
Woben sie, die Steuern fürchtend, alle Ränke wider euch,
Und gewannen der Lakonen größte Männer durch ihr Gold
Diese nun, voll schnöder Habsucht, und verhöhnend Fremdlinge,
Stießen frech hinaus die Göttin, griffen hastig nach dem Krieg.
Und darauf ward ihre Habgier auch der Landbesteller Fluch.
Denn die Schiffe, die wir rächend ausgesendet, zehrten dort
Leuten auch, die nichts verschuldet, gierig alle Feigen auf.

Der Chor

Und gewiß mit vollem Recht, auch weil sie meinen Feigenbaum
Ausgehau'n, den ich mit eigner Hand gepflanzt und aufgenährt.

Trygäos

Ja mit allem Recht, o Lieber, weil sie mein Sechsscheffelfaß,
Voll von Korn, auch mir mit Steinen frech genug zerschmetterten.

Hermes

Als darauf das Bauernvolk zur Stadt herein vom Lande kam,

War es auf dieselbe Weise hier verkauft und merkte nichts.
Aber missend seine Trauben, seinen Feigen zugethan,
Sh es hoffend auf die Redner. Diese, wenn sie gleich erkannt,
Wie der arme Mann in Noth war, dem gebrach sein täglich Brod,
Trieben schreiend unsre Göttin mit des Wortes Gabeln aus,
Ob sie schon, nach diesem Land sich sehnend, oft sich blicken ließ.
War der Bundesgenossen Einer fett und reich, der ward gezwackt,
Und als Schuld ihm angedichtet: "dieser hält's mit Brasidas."
Ihr sodann, wie kleine Hunde, packtet und zerrisset ihn.
Denn die Stadt, gebleicht von Hunger, saß in Angst und Sorge da;
Was man ihr verläumdend hinwarf, Alles aß sie gierig auf.
Als die Bundesfreunde sah'n, wie Schlag auf Schalg die Fremden traf,
Stopften sie den argen Thätern ungesäumt mit Gold den Mund;
Diese wurden reiche Leute, während (und ihr merktet nichts)
Hellas öd' und ausgeleert ward. Und die Schuld an all

dem
Trug der Gerber –

Trygäos
Schweig', o schweige, hoher Hermes; nichts davon!
Laß den Lederhändler drunten ruhig liegen, wo er liegt!
Denn er ist nicht mehr der Unstre; die allein gehört er an.
Was du denn dem Manne nachsagst,
War er auch ein Schalk im Leben,
Und ein Schwäzer und ein Laurer,
Und ein Zänker und ein Stänker,
Dieses alles sammt und sonders
Wirfst du deinen Leuten vor.
(sich an die Friedensgöttin wendend)
Doch du, Verehrte, sage mir, warum du schweigst.

Hermes
Wohl schwerlich mag sie reden vor dem Volke dort:
Dem grollt sie schwer für Alles, was sie duldete.

Trygäos
Ein kurzes Wort nur rede sie denn doch zu dir!

Hermes *(zu der Friedensgöttin)*
wie denkst du denn von ihnen? Theure, sage mir's!
(er nähert sich ihr.)
Sprich, du der Frauen grimmste Tartschenhasserin!
(sie flüstert ihm etwas zu.)
Schon gut – ich höre! – Dessen zeihst du sie? – Ich weiß.
(zu den Andern)

Ihr Männer, höret, wessenthalb sie Klage führt!
Freiwillig, sagt sie, kam ich her nach Pylos' Fall,
Der Stadt Verträge bringend, eine Kiste voll,
Und ward im Rath des Volkes dreimal weggestimmt.

Trygäos
Das war von uns ein Fehler; doch vergib es uns.
Denn unser Sinn stand dazumal auf Leber nur.

Hermes
Wohlan, vernimm auch, was sie jezt mich weiter frug:
Wer ihr am meisten feindlich war in euerer Stadt,
Wer ihr befreundet und dem Krieg entgegen war?

Trygäos
Ihr bester Freund von Allen war Kleonymos.

Hermes
Und welches Rufes freut er sich als Krieger denn,
Kleonymos?

Trygäos Ein Mann von Muth; nur leider ist
Er nicht der Sohn des Mannes, den er Vater nennt.
Denn wenn er je zu Felde zieht, so sezt er gleich,
Er selbst ein Findling, seinen Schild als Findling aus.

Hermes
Nun höre weiter, was sie mich jezt eben fragt:
Wer waltet jezt als Herrscher auf dem Stein der Pnyx?

Trygäos
Hyperbolos gebietet nun in diesem Raum.

(zu der Friedensgöttin)
Was ist dir? Wohin wendest du das Haupt, o Frau?

Hermes
Sie kehrt sich ab vom Volke, voll Unwillen, daß
Es solch verworfnen Menschen sich zum Herr erkor.

Trygäos
Wir brauchen ihn nicht länger mehr; einstweilen nur,
Weil ihm ein Vormund fehlte, weil es nackend war,
Umband das volk die Blöße sich mit diesem Strick.

Hermes
Wie das der Stadt denn (fragt die Göttin) frommen soll?

Trygäos
Wie werden wohlberathner sein.

Hermes In welcher Art?

Trygäos
Nun, weil er Lampenmacher ist. Sonst tasteten
Wir durch die Staatsgeschäfte nur im Dunkel hin,
Und nun beräth man jedes Ding bei Lampenlicht.

(Die Göttin bespricht sich indessen eifrig mit Hermes.)

Hermes
Ho! Ho!
Was sie mich jezt dich Alles fragen heißt!

Trygäos Und was?

Hermes
Gar Vieles und Uraltes, wie sie's einst verließ.
Vor Allem fragt sie, wie's dem Sophokles ergeht.

Trygäos
Er lebt im Glück doch geht's ihm sonderbar.

Hermes Wie so?

Trygäos
Aus deinem Sophokles wird er ein Simonides.

Hermes
Simonides? Wie meinst du?

Trygäos Weil er, alt und morsch,
Auf einem Strohhalm noch die See durchführ' um Geld.

Hermes
Doch weiter – lebt der Meister noch, Kratinos?

Trygäos Nein;
Er starb zu Zeit des Spartereinfalls.

Hermes Und woran?

Trygäos
Er fiel in Ohnmacht: unerträglich war es ihm,
Ein volles Weinfaß mit Gewalt zerschellt zu sehn. –
(an die Friedensgöttin)
Wie Vieles sonst noch, glaubst du, daß die Stadt erfuhr?
Drum lassen wir, o Herrin, nimmermehr von dir.

Hermes
Auf dieses Gelöbnis nimm dir nun Opora hier

Zur Ehegattin, und hinfort auf deinem Gut
Dich ihr gesellend, zeuge dir die Trauben selbst!
(er übergibt ihm die Opora.)

Trygäos
Komm her und laß dich küssen, komm, mein süßer Schaz! –
Sprich, kann's mir schaden, wenn ich nach so langer Zeit,
Mein König Hermes, mit Opora schäkere?

Hermes
Nein, trinke nur ein Schlückchen Herzpolei darauf.
Jezt ohne Säumen nimm dir auch Theoria,
Und führe sie zum Rathe, dem sie sonst gehört.

Trygäos
O Rath, wie glücklich wirst du durch Theoria!
Wie viele Brühe schlürfst du nun, drei Tage lang!
Wie viel Kaldaunen schlingst du nun und Fleisch hinab!
Jezt, lieber Hermes, lebe wohl!

Hermes Ja, lebe wohl
Auch du, vergnügt zieh' hin, o Mensch, und denke mein!

Trygäos
Auf Käfer, heimwärts, wieder heimwärts fliegen wir!

Hermes
O Freund, der Käger ist ja fort.

Trygäos Wo kam er hin?

Hermes

Zeus' Wagen zieht er, mit dem Donnerstrahl bewehrt.

Trygäos

Und wo bekommt der Arme dort sein Futter her?

Hermes

Als Futter dient ihm Ganymed's Ambrosia.

Trygäos

Doch wie gelang' ich dort hinab?

Hermes Gut; sei getrost:

Hier neben ihr, der Göttin selbst.

Trygäos Kommt, Mädchen, kommt,

Und folgt mir in Eile; denn verlangenvoll
Erwarten euch gar Viele mit gespanntem Hahn.

(Trygäos steigt mit den drei Göttinnen vom Himmel auf die Erde nieder; der Chor bleibt allein zurück.)

Der Chorführer

Zeuch fröhlich dahin. Wir wollen indeß das Geräth hier unsern Gefährten
Einhändigen und zur Bewahrung vertau'n; denn Diebe ja pfelgen gewöhnlich
Um die Bühne herum sich zu schleichen in Meng' und geheim zu betreiben ihr Handwerk.
So bewacht denn Alles mit männlichem Sinn; wir thun dem versammelten Volke
Kund, "wie uns der Brauch gebietet, was die ganze Seele füllt."

Parabase

Der Chorführer *(an die Zuschauer)*

Wohl sollte der Stab vollzeihen sein Amt, wenn hier ein Komödiendichter
Sich selbst lobpreist, an die Menge gewandt im Schwung anapästischer Weisen.
Doch wenn sich's geziemt, o Tochter des Zeus, dem Ehre zu thun, der im Lustspiel
Als Meister sich weit vor den Andern bewährt und den herrlichsten Ruhm sich errungen;
Dann dünkt, der uns einübte das Spiel, vorzüglicher Ehre sich würdig.
Denn Alle, die einst wettkämpften mit ihm, hat er ja, der Eine, beschwichtigt,
Die Lumpen und Noth aushöhnten und stets sich herum nur balgten mit Läusen.
Die Herakles sodann, die ewig den Mund voll kneteten, hungernd und lungernd,
Und die Flüchtlinge dort und das Gaunergezücht, und was zum Vergnügen sich durchpeitscht,
Die trieb er zuerst mit Schande hinweg; auch schuf er den Knechten Erlösung.
Die stets auftraten mit lautem Geheul, nur aus dem ergözlichen Grunde,
Daß mit hämischem Spott ihr Mitknecht dann sie wegen der Schläge begragte:
"Armseliger, ach, was traf die das Fell? Brach etwa der borstige Zagel

Mit Heeresgewalt in die Flanken dir ein, und zerbläute dir tüchtig den Rücken?"
Solch faules Geschwäz, solch häßlichen Schund, solch niedrige Frazen vertrieb er,
Und schuf uns groß die gesunkene Kunst, u nd thürmte den Bau in die Lüfte
Mit Gedanken und Wort von erhab'nem Gehalt und nicht marktähnlichen Wizen,
Das Gewöhnliche nicht durchziehend mit Spott, alltägliche Männchen und Weibchen;
Nein, Herakles' Muth in der zornigen Brust, legt Er an die Mächtigsten Hand an,
Durch Lebergeruch und entsezlichen Dunst kothsprudelnder Drohung schreitend.
Und zuerst und vor Allen bekämpf' ich ihn selbst mit den spizigen Hauern, den Unhold,
Dem fürchterlich, ha! von den Augen daher, wie der Kynna, sprühten die Blicke,
Die hundert heulende Häupter umher unseliger Scheichler beleckten
Sein gräßliches Haupt; er hatte den Laut, wie des allzerstörenden Waldstroms,
Und der Robbe Gestank und den Steiß des Kamels und der Lamia schmuzige Hoden.
Solch Grauen zu schau'n, es erschreckte mich nicht; nein, immer für euch, ihr Athener,
Und die Inseln bestand ich muthig den Kampf. Drum acht' ich es recht und geziemend,

Daß dankend ihr jezt mir vergeltet mit Huld und mein in Liebe gedenket.
Denn sonst auch, wenn es nach Wunsch mir gelang, umschlich ich nie die Palästra,
Auf Knaben erpicht; nein, wenn ich geschnürt mein Bündelchen, zog ich nach Hause,
Nur selten zur Last, oft weckend die Lust, und stets zu gefallen beflissen.
Drum ziemt es sich wohl, daß Männer zumal
Und Knaben zumal an der Seite mir stehn;
Auch jeglichen Kahlkopf mahn' ich getreu,
Mit Eifer zum Sieg mir behülflich zu sein.
Denn wird mir der Sieg, dann rufen sie wohl
Bei'm festlichen Mahl, bei'm Zechergelag:
"Für den Kahlkopf dies, für den Kahlkopf das
Von dem Backwerk hier; ihm schmälere nichts,
Dem gewichtigen Mann mit der glänzenden Stirn,
Dem erhabensten unter den Dichtern!"

Der Chor

Strophe.

Wende von Schlachten dich ab,
Und tanze den Reigen mit mir,
Deinem Freund, o Muse,
Hochzeiten der Götter besingend, Männermahle,
Und der Heroen Gelag!
Dir liegt ja dies vor Allem ob.

Aber so Karkinos kommt und
Dich mit den Söhnen im Chor zu tanzen bittet,
Höre sie nicht und nahe
Nicht als Helferin ihnen;
Denke, sie seien alle
Wachteln, im Hause geheckt,
Langhalsige Tanzmännlein,
Zwergelchen, Pillen des Mist's, Geißkegelchen,
Wundermaschinler.
Sagte der Vater doch selbst von dem Stück, das
Wider Vermuthen ihm kam:
"Die Kaze maust' des Abends."

Gegenstrophe.

Also den Feiergesang
Schönlockiger Chariten muß
Euch der weise Dichter
Anstimmen, sobald mit dem jungen Lenz die Schwalbe
Zwitschert am hohen Gesims,
Und keinen Chor führt Morsimos
Oder Melanthios, dessen
Schnarrende Stimme noch jüngst in's Ohr mir dröhnte,
Als er mit seinem Bruder
Selbst der Tragöden Chorreih'n
Führte, die beiden ein gierig
Schlemmendes Gorgogezücht,
Harpyien, nach Lachs lüstern,
Büßend an Vetteln die Luft, bockduftige Fischeverschlinger.
Diese bespuckt mit Macht, unsterbliche

Muse, geselle dich mir,
Und tanze frohe Reigen!

Zweiter Act

Erste Scene

Trygäos*, der mit* ***Opora*** *und* ***Theoria*** *in sein Gehöft sich niedergelassen hat.* ***Der Chor. Ein Knecht.***

(Die Scene ist wie im Anfange es Stückes.)

Trygäos
Wie schwierig war die Reise doch in's Götterland!
Mir thun die Beine schmerzlich weh vor Müdigkeit.
Klein sahet ihr von oben aus: mir kamet ihr,
Aus Himmelshöh'n gesehen, niederträchtig vor,
Von hier indeß um Vieles niederträchtiger.

(Ein Knecht kommt aus dem Hause.)

Der Knecht
Herr, kamst du wieder?

Trygäos Wie man eben sagte, ja.

Der Knecht
Wie ging es dir?

Trygäos Vom weiten Wege schmerzen mir
Die Beine.

Der Knecht Nun erzähl mir einmal –

Trygäos Wovon?

Der Knecht
Gewahrtest du noch andre Menschen außer dir,
Die durch die Luft sich trieben?

Trygäos Nichts, als etwa nur
Dithyrambendichterseelen, zwei bis drei vielleicht.

Der Knecht
Was thaten die?

Trygäos Sie pflückten Verse sich im Flug
Von jenen Himmelslüfteleichtdurchschwimmenden.

Der Knecht
So sahst du nichts mir im Aether, was man sagen hört,
Daß wir zu Sternen werden, so wie Einer stirbt?

Trygäos
Ei, wohl!

Der Knecht

Und wer ist droben jezt als Stern zu sehn?

Trygäos
Der Chier Ion, welcher hier auf Erden einst
Den Morgenstern gedichtet; als er kam, sogleich
Begrüßten Alle droben ihn als Morgenstern.

Der Knecht
Was sind denn das für Sterne, die so lichterloh
Und kreuz und quer hinschießen?

Trygäos Das sind Sterne, die
Vom Schmaus bei einem reichen Stern nach Hause geh'n,
Laternen tragend und ein Licht in jeglicher.
Nun aber führe diese da geschwind hinein,
(auf Opora zeigend)
Spül' aus die Badewanne, mache Wasser heiß,
Und rüst' ein bräutlich Lager dann für mich und sie.
Wenn dies gethan ist, kehre gleich hierher zurück;
Ich send' indessen diese da dem weisen Rath.

Der Knecht
Woher bekamst du denn die Zwei?

Trygäos Vom Himmel her.

Der Knecht
So geb' ich um die Götter keinen Deut hinfort,
Wofern sie Dirnen halten, wie wir Sterblichen.

Trygäos
Das nicht, indeß lebt Mancher wohl auch dort davon.

Der Knecht *(zur Opora)*
Nun, geh'n wir also!
(zu Trygäos.) Sage mir: ich geb' ihr wohl
Zu essen?

Trygäos Gar nichts; denn sie hat wohl keine Lust
Nach Brod und Kuchen, da sie bei den Himmlischen
Dort oben stets Ambrosia zu lecken pflegt.

Der Knecht

So tisch' ich auch hier unten was Leckres auf!
(ab mit Opora.)

Zweite Scene

Die Vorigen ohne den Knecht.

Der Chor

Ein seliges Loos ist jezt,
Das sehen wir deutlich hier,
Dem Alten gefallen!

Trygäos

Wie, wenn ihr erst als Bräutigam mich seht in vollem Glanze?

Der Chor

Dann bist du beneidenswerth,
Bist wieder ein Jüngling, Greis,
Umduftet von Myrrhen.

Trygäos

Gewiß: und wenn ich, ihr gesellt, an ihre Brust mich schmiege –?

Der Chor

Beglückter dann, als Karkino's Drehmännchen, bist du wahrlich.

Trygäos

Und nicht mit Recht, nachdem ich auf das Käferroß

gestiegen bin,
Und Hellas' Retter wurde, daß sie allzumal
Auf ihren Aeckern ungestört der Ruh' und Liebe pflegen?

(Der Knecht kommt ohne Opora aus dem Hause zurück.)

Dritte Scene

Die Vorigen. Der Knecht.

Der Knecht
Das Mädchen ist gebadet; vorn' und hinten schmuck.
Gar ist der Kuchen, Sesamon darauf gestreut,
Auch alles Andre fertig; nur das Männchen fehlt.

Trygäos
Wohlan, so laß uns ungesäumt Theoria,
Die da, dem Rathe bringen.

Der Knecht Wer ist diese denn?

Trygäos
Theoria, dieselbe, die wir ehedem,
Nach Brauron ziehend, halbberauscht herumgezaust, –
Du weißt, sie ließ mit Mühe nur sich fangen.

Der Knecht Herr,
Was die für jubeldicke Hinterbacken hat!

Trygäos *(gegen die Zuschauer)*
He, wer von euch denkt ehrenhaft? Wer, sagt mir an,
Wer wird mir die bewahren für den hohen Rath?

(zu dem Knecht)
Was zirkelst du dort?

Der Knecht Auf das Spiel der isthmischen
Landenge, Herr, beleg' ich einen Plaz für mich.

Trygäos *(an die Zuschauer)*
Wer will sie uns bewahren? Schweigt ihr immer noch?
(da Niemand sich meldet, nimmt er sie bei der Hand.)
Komm du; vor Allen stell' ich hier zum Pfand dich aus!

Der Knecht *(auf die Zuschauer zeigend)*
Da drüben winkt ihr Einer!

Trygäos Wer?

Der Knecht Ariphrades;
Er bittet, ihm sie zuzuführen.

Trygäos Nein, du Thor!
Der, über sie herfallend, schlappt die Supp' ihr aus.
(zu Theoria)
Auf, lege schleunig dein Geräth zur Erde hin!
(sie entkleidet sich)
Rathsherrn, Prytanen, schauet hier Theoria!
Seht, was von mir euch Süßes hier geboten wird:
Wenn ihr die runden Beinchen ihr nach oben hebt,
So schließt der Opfer Stätte sich von neuem auf.
Auch seht die Opferküche hier, wie schön gebaut;
Von Rauch geschwärzt ein wenig: denn vor Zeiten stand,
Bevor der Krieg war, hier des Rathes Kochgeschirr.
Da könnet ihr gleich morgen, wenn sie euer ist,

Ein herrlich Wettspiel halten im Verein mit ihr:
Ihr könnt am Boden ringen, auf vier Füßen stehn,
Und zum Gesammtkampf eingesalbt, mit Jugendkraft
Einhauen, bohren, mit der Hand und – wie ihr wollt.
Ein Pferderennen stellet ihr am dritten an,
Wo Renner neben Renner um die Wette jagt,
Wo Wagen über Wagen stürzt in wildem Flug,
Und keuchend, schnaubend, athemlos zu Ziele rast:
Doch andre Wagenlenker, die am Bug der Bahn
Das Haupt zerschellen, liegen schlaff dahingestreckt. –
Wohlauf, Prytanen, hier empfangt Theoria!
(er schickt die Theoria zu den vordersten Bänken, wo die Rathsherren sizen.)
Seht, wie gefällig der Prytan sie dor empfängt!
Ja, wenn du sie mit leeren Händen in den Rath
Einführen müßtest, hielt'st du still die Hände hin!

Der Chor

Wohl macht sich um alles Volk
Als redlicher Freund verdient
Ein Bürger, wie du bist!

Trygäos

Ja, trüget ihr die Trauben heim, wie prieset ihr Trygäos!

Der Chor

Nun liegt es am Tage: ja,
Du wurdest für alle Welt
Ein Helfer und Retter!

Trygäos

So sage, wenn vom neuen Most ein Schlückchen du getrunken.

Der Chor

Ja, nach den Göttern werden wir dich stets den Ersten achten.

Trygäos

Von großem Werthe bin ich euch,
Trygäos ich von Athmone,
Der aus so schwerem Ungemach erlöst das Volk
In Stadt und Land, und deinen Muth, Hyperbolos, gebrochen.

Der Chor

Auf, sage, was ist weiter noch von uns zu thun?

Trygäos

Die Göttin hier mit Opfertöpfchen einzuweihn.

Der Chor

Mit Opfertöpfchen, wie ein zürnend Hermeslein?

Trygäos

Wie meint ihr sonst? Schlachtstiere nähmt ihr lieber wohl?

Der Chor

Schlachtstiere? Nein! Da müßten wir zu Schlacht hinaus.

Trygäos

So nehmt ein fettes, großes Schwein!

Der Chor Nein, nein!

Trygäos Warum?

Der Chor
Da gäb' es eine Schweinerei des Theagenes.

Trygäos
Womit denn anders soll's gescheh'n?

Der Chor Mit einem Schaf.

Trygäos
Mit einem Schaf?

Der Chor Ja.

Trygäos Liebst du denn der Schafe Laut:
"Bä bä"?

Der Chor Es paßt mir eben, daß im Rath des Volks,
Wenn Einer räth zum Kriege, dann die Leute rings
Bäbä'n und beben, Schafen gleich, in heller Angst –

Trygäos
Ganz wohl gesprochen!

Der Chor Und daß sie sonst auch milde sind.
Dann sind wir friedsam unter uns, wie Lämmer sanft,
Und gegen unsre Bündner noch vie freundlicher.

Trygäos *(zu dem Knecht)*
Wohlan, so bringe nur geschwind ein Schaf herbei;
Ich schaff' indeß uns einen Opferherd heraus.

(Trygäos und der Knecht eilen in's Haus.)

Der Chor

Wie Alles, was ein Gott verhängt, was das Glück begünstigt,
Nach Wunsche sich fügt, und in passender Zeit
Sich Eins mit dem Andern vereinigt!

Vierte Scene

Trygäos. Der Chor. *Später* ***der Knecht.***

Trygäos *(den Altar heraustragend)*

Wohl eint sich Alles sichtlich: sieh, schon ist der Altar draußen.

Der Chor

Nun eilet, so lange der Wind,
Der frisch fortwehte den Krieg,
Noch bläst, von den Göttern gesendet!
Denn sichtbar führt das Geschick
Uns jezt zum Heile wieder.

(Der Knecht bringt die Opfergeräthe.)

Trygäos

Hier ist der Korb mit Gerste, hier der Kranz, das Opfermesser,
Selbst auch das Feuer hier, und nur das Schaf zum Opfer fehlt uns.

Der Chor

So lauft doch um die Wette, lauft!

Denn sähe Freund Chäris euch,
So käm' er ungelade, uns
Zu flöten, und dann gäbet ihr
Ihm, wenn er bläst und sich zerquält,
Was drein, ihn zu schweigen.

Trygäos *(zu dem Knecht)*
Wohlan, den Korb nimm und das Wasserbecken hier,
Und wandle schnell zur Rechten um den Opferherd.

Der Knecht *(herumwandelnd)*
Was soll ich weiter? Rede! Sieh, ich bin herum.

Trygäos
Auf denn, ich nehme diesen Brand und tauch' ihn ein.
Du schwing' ihn hurtig!
(zu dem Chorführer:) Reiche du die Gerste dar;
(zu dem Knecht:)
Auch dich besprenge, wenn du mir den Brand gereicht,
Und unter's Volk hier wirf den Gerstensamen.

Der Knecht *(Gerste auswerfend)* Da!

Trygäos
Du hast ihn ausgeworfen?

Der Knecht Ja, bei Gott, und viel,
So daß von allen Männern, die im Kreise hier
Als Schauer sizen, keiner ist, der keinen hat.

Trygäos
Die Frau'n erhielten keinen?

Der Knecht Nein, am Abend erst,
Da theilen ihnen die Männer mit.

Trygäos Auf, beten wir!
(im Priestertone)
Wer weilt am Ort? Wo gibt es viele Redliche?

Der Knecht *(den Chor mit Weihwasser besprengend)*
Die da bespreng' ich; denn es sind vie Redliche.

Trygäos
Für redlich hältst du diese?

Der Knecht Ja; denn stehen sie,
Die wir so reichlich überthau'n mit Wasserflut,
Nicht unverrückt auf einem und demselben Plaz?

Trygäos
Laßt ungesäumt uns beten, laßt uns beten jezt!
Ehrwürdige Göttin, Herrscherin du,
Die den Frieden verleiht
Und die festlichen Reih'n und die bräutliche Lust,
Nimm, Hehre, mit Huld dies Opfer von uns!

Der Knecht
Hochheilige, ja, nimm gnädig es an,
Und thu nicht also, bei Gott, wie sonst
Wohl unter den Frau'n die verbuhten es thun!
Die lauschen am Hofthor, öffnen es halb,
Und ducken sich vor und schielen heraus;
Und sobald man es merkt und achtet auf sie,
Dann flieh'n sie zurück;

Und geht man, schielen sie wieder heraus.
Ach, thue du nicht mehr solches an uns!

Trygäos

Nein, zeige dich ganz in voller Gestalt,
Wie's Edlen geziemt, uns Liebenden hier,
Die dreizehn Jahre bereits um dich
Das Verlangen verzehrt!
O löse den Kampf und der Schlachten Gedröhn,
Und du sollst Kampflöserin heißen!
Auch halte von uns die Verdächtigung fern,
Die mit glattem Geschwäz
Im Geheimen den Mann reizt wider den Mann;
Und vereine das Volk der Hellenen so fest
Mit der Freundschaft Kitt, wie's anfangs war,
Und versöhnlicher Sinn und mildes Verzeih'n
Durchströme das Herz, daß reich sich der Markt
Anfülle mit Gut, mit Knoblauch, groß,
Frühgurken, Granaten und Aepfeln, zugleich
Mit Mäntelchen, klein, für der Knechte Bedarf!
Von Böotien her laß Tauben für uns,
Zaunschlüpfer und Gäns' und Enten herein,
Auch Körbe mit Aal vom kopaischen See,
Um die wir gedrängt laut markten und schrei'n,
Im Gewühl mit Morychos, Teleas hier,
Mit Glauketas dort uns zankend und all
Dem gefräßigen Schwarm. Dann findet zulezt
Der Melanthios noch auf dem Markte sich ein,
Wo die Aale verkauft sind: der schreit auf,

Und ächzt aus Medeia die Klagemelodie:
"O Jammer, o Gram! Ich stehe verwaist,
Der in Mangold lauschenden Aale beraubt!"
Wer's hört, der feut sich darüber.
Dies Hochgelobte, dies gewähr' auf unser Flehn!

Der Knecht
Nun nimm das Messer, daß du dann kunstkochmäßig
Das Opfer schlachtest.

Trygäos Ziemt sich nicht.

Der Knecht Wie so? Warum?

Trygäos
Eirene hat am Schlachten keine Lust; ihr Herd
Wird nie von Blut geröthet. Innen schlacht' es denn,
Lös' ab die Schenkel, bringe sie sodann heraus:
So wird dem Choranführer doch das Schaf gespart.

(Der Knecht geht ab.)

Der Chor
Du bleibe vor der Thüre nun: du mußt
Scheitholz hierher aufschichten geschwind,
Und sonst was nöthig, besorgen.

Trygäos *(legt das Holz auf dem Altar wohlgescheitet zurecht.)*
Nun, schein' ich nicht recht priesterlich das Holz dir aufzuschichten?

Der Chor
Wie solltest du nicht? Was entginge dir auch,

Wo's Weisheit gilt? Was wüßtest du nicht,
Das ein Mann wissen muß,
Durch hellen Verstand
Bewährt und rüstige Kühnheit?

Trygäos

Ha, schämen muß sich Stilbides, wie meine Scheiter brennen!
Nun hol' ich auch den Opfertisch, und brauche keines Knechtes.
(geht in's Haus.)

Der Chor

Wer wollte des Mannes nicht
Mit Ehre gedenken, der
So Vieles bestand und Heil
Der heiligen Stadt errang?
Drum wird er stets vor aller Welt
Preiswürdig erscheinen.

(Trygäos und der Knecht kommen aus dem Hause zurück.)

Fünfte Scene

Trygäos. Der Knecht. Der Chor. *Bald darauf* ***Hierokles.***

Der Knecht

Das ist gethan, Herr. Lege nun die Schenkel auf;
Indessen hol' ich Eingeweid' und Opfermehl.

Trygäos
Ich werde dafür sorgen. Komm nur schnell zurück!

Der Knecht
Da bin ich wieder. Schein' ich dir doch schnell genug?

Trygäos
Nun brate hübsch die Stücke. Doch da kommt ja noch
Ein Mann daher, mit einem Lorbeerkranz geschmückt.
Wer mag es sein?

Der Knecht Wie der sich übermüthig bläht!
Ein Seher ist es.

Trygäos Nein bei Zeus, Hierokles ist's.

Der Knecht
Das ist er also, der Prophet aus Oreos!
Was wird er bringen?

Trygäos Unserm Friedensschlusse will
Er sich entgegenstemmen, das ist offenbar.

Der Knecht
Nein, nur der Duft des Bratens hat ihn hergelockt.

Trygäos
Wie wollen thun, als wenn wir ihn nicht sähen.

Der Knecht Recht!

Hierokles
Sagt, welch ein Opfer bringt ih hier, und welchem Gott?

Trygäos
Du brate schweigend, nasche nicht vom Rückenstück.

Hierokles
Wem gilt das Opfer? Sagt ihr's nicht?

Trygäos Macht auch der Schwanz
Sich schön?

Der Knecht Ja recht schön, holde Friedenskönigin!

Hierokles
Schneid' ab die Erstlingsstücke, dann vertheile sie!

Trygäos
Erst braten, das ist besser!

Hierokles Nun, das ist ja schon
Gebraten.

Trygäos Wer du seist, du kümmerst dich um viel. –
(zu dem Knecht)
Zerlege nun! Wo steht der Tisch? Die Spende her!

Hierokles
Die Zunge schneidet man heraus!

Trygäos Uns wohlbekannt!
Doch weißt du was?

Hierokles Ja, wenn du's sagst.

Trygäos Nicht unterbrich
Uns weiter; denn der Friedensgöttin opfern wir.

Hierokles

Ihr armseligen Menschen, ihr thörichten –

Trygäos Dir auf das Haupt dies!

Hierokles

Die ihr, der Himmlische Rath in verblendetem Sinne verkennend,
Bündnisse schloßt, ihr Männer, mit graunvollblickenden Affen –

Der Knecht

Ha, ha, ha!

Trygäos Was lachst du?

Der Knecht Der graunvollblickenden Affen!

Hierokles

O leichtgläubige Täubchen, ihr traut arglistigen Füchsen,
Denen das Herz mit Listen, die Brust mit Listen erfüllt ist –

Trygäos *(ein Stück von den dampfenden Eingeweiden emporhaltend)*

Daß dir, o Prahler, so heiß, wie dies hier, glühte die Lunge!

Hierokles

Wenn nicht göttliche Nymphen den Bakis irre geleitet,
Und nicht Bakis die Menschen, und nicht auch Bakis die Nymphen –

Trygäos

Treffe dich Tod, wenn nicht du sofort zu bakizen mir aufhörst!

Hierokles

Noch nicht war es verhängt, Eirene's Bande zu lösen,
Sondern zuerst alsdann –

Trygäos *(zu dem Knecht)* Mit Salz muß dieses bestreut sein!

Hierokles

Denn noch nicht ist's also genehm den unsterblichen Göttern,
Daß wir ruhen vom Streit, bis der Wolf mit dem Schafe sich gattet –

Trygäos

Wie kann je, du Verwünschter, der Wolf mit dem Schafe sich gatten?

Hierokles

Ja, so lange der Iltis im Flieh'n aufs garstigste duftet,
Oder die kläffende Hündin in Angstweh'n blinde Geburt wirft,
So lange mußt' es dem Volke verwehrt sein, Friede zu schließen.

Trygäos

Doch was sollten wir thun? Niemals abstehen vom Kriege?
Würfeln vielleicht, ob uns, ob den Feind mehr treffe des Jammers,

Da wir im Frieden in Hellas vereint zu gebieten vermöchten?

Hierokles

Niemals lehrst du dem Krebse, sich nicht zu bewegen im Krebsgang.

Trygäos

Niemals speisest du mehr im Saal der Prytanen in Zukunft,
Noch auch wirst du hinfort Etwas am Geschehenen ändern.

Hierokles

Niemals wird dir's gelingen, den stachligen Igel zu glätten.

Trygäos

Lässest du nie mehr ab, das athenische Volk zu berücken?

Hierokles

Welchem Orakel gemäß verbranntet ihr Schenkel den Göttern?

Trygäos

Jenem Orakel gehorchend, dem herrlichsten, welches Homer sang:
"Die, nachdem sie vertrieben die feindlichen Wolke des Krieges,
Grüßten Eirene froh, und weihten sie ein mit dem Opfer.
Als sie die Schenkel verbrannt und die inneren Theile

gekostet,
Gossen sie Wein aus Schalen, und ich war Führer des Weges.
Aber der funkelnde Krug ging schnell an dem Seher vorüber."

Hierokles
Fern ist solches von mir; denn so sprach nicht die Sibylla.

Trygäos
Aber ein treffendes Wort sprach, traun, der erhab'ne Homeros:
"Rechtlos nenn' ich den Mann, unwürdig des Stamms und des Herdes,
Der einheimischen Krieges sich freut, des entsezlichen Scheusals."

Hierokles
Sie dich vor, daß nicht, mit Betrug dir die Sinne berückend,
Dir's wegschnappte der Weih –

Trygäos *(schnell einfallend, zu dem Knechte)* Ja, darauf achte du sorgsam;
Denn für das Opfergekrös' ist fürchterlich dieses Orakel.
Gieße des Weins denn ein, und bringe mir her vom Gekröse.

(Der Knecht trägt auf.)

Hierokles
Nun denn, ist es gestattet, so will auch ich mich

bedienen.
(will zugreifen, wird aber von dem Knecht gehindert.)

Trygäos
Spende! Spende!

Hierokles
Mir auch schenke nun ein, und gib vom Gekröse mir Etwas.

Trygäos
Nein, noch nicht ist's also genehm den unsterblichen Göttern;
Nein, erst dies: wir spenden zuvor, du drückst dich von dannen.
Bleibe mit uns, Eirene, vereint, so lange wir leben!

Hierokles
Bringe die Zunge daher!

Trygäos Und die deinige trage von hinnen!

Hierokles *(nach einem Becher greifend)*
Spende!

Trygäos *(wirft ein Bein nach ihm)*
Da nimm mir der Spende zugleich in der Eile das Bein auch!

Hierokles
Niemand gibt vom Gekröse mir was!

Trygäos Wir dürfen, du weißt ja,
Nichts dir geben davon, bis der Wolf mit dem Schafe sich gattet.

Hierokles
Laß dich erflehn, bei den Knieen!

Trygäos Du flehst mich, Guter, umsonst an:
Denn nie wird's dir gelingen, den stachligen Igel zu glätten.
(sich an das Publikum wendend:)
Kommt ihr heran, Zuschauer, auf, und theilt mit uns
Das Mahl!

Hierokles Und ich hier?

Trygäos Speise du Sibyllen auf!

Hierokles
Bei Gäa, niemals eßt ihr beide dies allein;
Ich reiß' es euch weg; ist es doch gemeines Gut.

Trygäos *(zu dem Knecht)*
Auf, schlage, schlage den Bakis!

Hierokles *(an die Zuschauer)* Ihr seid Zeugen mir!

Trygäos
Auch mir, daß der ein Schlemmer und ein Prahler ist!
(zu dem Knecht)
He, schlage, wehre mit dem Holz den Prahler ab!

Der Knecht
Thu's selbst! Ich hülf' indessen aus den Fellen ihn

Heraus, den Schurken, die er durch Betrug gewann.
(zu Hierokles)
Wirf ab die Felle, säume nciht, mein Opfermann! –
Nun, hörst du? Rabe, der du kamst aus Oreos!
Fort, flieg' in aller Eile nach Elymnion!

(Alle ab; der Chor bleibt allein zurück.)

Der Chor

Strophe

Ich bin froh, herzlich froh,
Vom schweren Helm los zu sein,
Von Zwiebelkost, Käsekost.
Denn Schlachtenlärm lieb' ich nicht;
Nein, am Herdfeuer zech' ich,
Im Kreis trauter Zechbrüder froh,
Brenne dürr Scheiterholz reichlich auf,
Das ich in der Sommerzeit
Haufenweis' ausgenäßt,
Röste Kichern auf den Kohlen,
Wenn die Buche sprüht in Funken,
Scherze mit der Thrakerin,
Wenn die Frau im Bade sizt.

Der Chorführer

Ist es doch das Angenehmste, wenn die Saat im Boden ruht,
Und der Gott sie wohl beträufelt, und ein Nachbar also spricht:
Sage mir, was thun wir unterdessen, Freund

Komarchides?
Mir gefällt es, Eins zu trinken, nun der Gott den Regen schickt!
Also sez' uns heute Schoten, liebe Frau, drei Mezen auf;
Mische Waizenmehl darunter, auch dir Feigen spare nicht.
Syra rufe dann den Mannes ungesäumt vom Feld herein
Denn die Reben abzublatten, geht an diesem Tage nicht;
Sie behacken, ist unmöglich, denn der Grund ist allzufeucht.
Laß von mir die Drossel holen und zugleich das Finkenpaar.
Biester fand ich auch im Hause, Hasenfleisch vier Stücke noch,
Wenn die Kaze nicht am Abend mir davon entwendet hat;
Demm im Hause drinnen scharrt' es gräulich um und polterte.
Drei davon bring' uns, o Bürschchen, eines gib dem Vater ab.
Myrtenzweig' erbitte dann mit Beeren von Aeschinades;
Und zumal (der gleiche Weg ist's) rufe man Charinades,
Einen Trunk mit uns zu theilen,
Weil mit Regen und dem Segen
Unsre Saat ein Gott beglückt.

Der Chor

Gegenstrophe

Wenn der Feldgrille Lied
In süßen Tonweisen schwirrt,
Mit frohem Muth schau' ich dann
Des Lemnerweins Reben an,
Ob sie bald reifen werden,
(Denn frühzeitig reift dies Gewächs,)
Seh' entzückt, wie dir Frühfeige schwillt;
Hängt die Frucht reif am Baum,
Greif' ich zu, koste sie,
Singe drauf: "ihr lieben Horen!"
Rühre mir ein Mus von Isop,
Schling's hinein, und werde dann
Fett, bevor der Sommer flieht.

Der Chorführer

Besser, als den gottverhaßten Rottenhäuptling anzuschaun,
Der mit drei Helmbüschen herprangt und dem grellen Purpurrock,
Den der Mann als Muster auspreist ächter Sardesfärberei.
Aber muß er einst in's Treffen, eingemummt in solchen Schmuck,
Wechselt er alsbald die Farbe, färbt sich Hemd und Hosen gelb,
Flüchtet, wie der schnelle Roßhahn, als der Erste flüchtet er,

Schüttelnd seine Büsche; lauernd steh' ich selbst am Vogelgarn.
Wenn sie dann einmal daheim sind, thun sie, daß uns Allen graut,
Schreiben den auf ihre Rolle, löschen aus und schreibe an,
Löschen wieder, schreiben wieder. "Morgen wird in's Feld gerück!"
Mancher hat noch keine Zehrung eingekauft, er ahnte nichts,
Als er ausging; also tritt er an Pandions Säule, liest
Seinen Namen, und mit saurer Miene läuft er rathlos hin.
Also thun sie uns, dem Landvolk; euch die Städter, scheu'n sie mehr,
Diese Schildabwerfer, Göttern gleich verhaßt und Sterblichen!
Doch sie sollen mir dafür noch büßen, wenn ein Gott es will.
Denn sie kränken mich so vielfach,
Die daheim die Löwen spielen,
In der Schlacht nur Füchse sind.

Dritter Act

Erste Scene

Trygäos. Der Chor. Ein Sensenschmid. Ein Töpfer.

Trygäos *(tritt heraus und sieht einen Helm auf dem Tische liegen.)*
Hoho! Hoho!
Was kommt mit da zu meiner Hochzeit auf den Tisch?
(er gibt dem Knechte den Helm.)
Da nimm's und fege mir damit die Tische rein;
Denn sonst zu gar nichts ist das Ding zu brauchen mehr.
Dann trage mir die Kuchen und die Drosseln auf
Und Hasenfleisch die Menge samt dem Waizenbrod.

(Der Knecht geht zur Küche. Es kommt ein Sensenschmid und ein Töpfer, beide mir Geräthen ihres Handwerks.)

Der Sensenschmid
Wo weilt, wo weilt Trygäos?

Trygäos Drosseln brat' ich hier.

Der Sensenschmid
Mein Liebster, mein Trygäos, welch ein Glück für uns,
Daß du den Frieden schlossest! Denn sonst kaufte mir
kein Mensch die Sense, nicht für einen Heller, ab;
Jezt bring' ich sie zu fünfzig Drachmen an den Mann,
Und der *(auf den Töpfer zeigend)*
erhält vom Lande drei für einen Krug.
Nun, mein Trygäos, nimm von meinen Sensen dir,

Und was du weiter willst, umsonst.
(auf die Töpferwaren zeigend:) Auch dieses nimm!
Denn was wir jezt verkaufen mit Gewinn, von dem
Sei dir zur Hochzeitgabe dies hier dargebracht!

Trygäos
Gut! Legt mir all die Sachen her und geht hinein
Zum Essen ohne Säumen. Denn dort, seh' ich kommt
Ein Waffentrödler voller Grimm dahergerannt.

(Der Sensenschmid und der Töpfer ab.)

Zweite Scene

Trygäos. Der Chor. Leute** mit Waffen aller Art, unter ihnen **ein Helmbuschbinder, ein Lanzenschäfter, ein Helmschmid, ein Trompetenmacher, ein Panzerschmid.

Der Buschbinder
Weh mir, Trygäos! Völlig hast du mich verderbt!

Trygäos
Was ist dir, Armer? Wächst dir aus dem Schopf ein Busch?

Der Buschbinder
Ja, Ja, verderbt ir hast du Kunst und Unterhalt,
Auch diesem hier, und jenem Lanzenschäfter dort!

Trygäos
Was zahl' ich dir für deine zwei Helmbüsche da?

Der Buschbinder
Was willst du geben?

Trygäos Geben, Freund? Ich schäme mich;
Doch weil das Rohr am Busche viel Arbeit gemacht;
So ge' ich dir drei Mäßchen Feigen wohl dafür,
Um meinen Tisch zu fegen mit dem Trödel da.

Der Buschbinder
So geh' hinein denn, hole mir die Feigen her;
Denn besser, Etwas lösen, als gar nichts, o Freund.

Trygäos *(der indessen zur Probe mit den Helmbüschen den Tisch gefegt hat)*
Hinweg, hinweg, zum Geier fort aus meinem Haus!
Die lassen ja die Haare, nichts sind beide werth;
Ich mag sie nicht, und wär's um eine Feige nur!

(Der Buschbinder ab.)

Der Panzerschmid
Was soll mir dieser Panzer, der zehn Minen gilt
Und prächtig anschließt? Armer ich, was thun damit?
(sezt den schweren Panzer zu Erde.)

Trygäos *(besieht den Panzer)*
Nun, dieser bringt dir sicher keinen Schaden, Freund;
Den überlaß du für den Einkaufspreis an mich;
Für einen Leibstuhl, seh' ich, ist er ganz gemacht
(er sezt sich darauf.)

Der Panzerschmid
Laß ab du, mich zu höhnen und mein Waffenzeug!

Trygäos
Hier leg' ich her drei Steinchen; ist's so nicht bequem?

Der Panzerschmid
Wie willst du denn dich wischen, ungeschickter Mensch?

Trygäos *(indem er die Hände durch die beiden Armöffnungen des Panzers steckt)*
Hier fahr' ich durch das Ruderloch mit einer Hand,
Und hier

Der Panzerschmid Zugleich mit beiden Händen?

Trygäos Ja gewiß;
Sonst heißt es, daß ich um ein Loch den Staat geprellt.

Der Panzerschmid
Zehn Minen also gibst du für das Kacken aus?

Trygäos
Ei freilich, du Verschmizter! Oder meinst du wohl,
Um tausend Drachmen wäre mir mein Werther feil?

Der Panzerschmid
Wohlan, so hole das Geld heraus!

Trygäos *(aufstehend)* Nein, guter Mann!
Der drückt den Hintern. Fort damit: ich kaufe nichts!

(Der Panzerschmid ab.)

Der Trompetenmacher
Was soll ich jezt mit dieser Kriegstrompete thun,
Die einst um sechzig Drachmen ich erhandelte?

Trygäos
Hier in die Mündung unten gieße Blei hinein,
Und oben bring' ein mäßig langes Stäbchen an;
So wird daraus ein Schöner Hängekottabos.

Der Trompetenmacher
Weh mir, du spottest meiner!

Trygäos Noch ein andrer Rath!
Hier unten gieße, wie gesagt, das Blei hinein;
Dann mußt du dort, mit feinem Baste festgeschnürt,
Noch ein Schal' anhängen, und du hast ein Ding,
Womit du Feigen dem Gesind zuwägst im Feld.

Der Helmschmid *(tritt mit Helmen auf.)*
Verwünschter Dämon, ach, wie hast du mich verderbt!
Einst gab ich eine Mine für den Plunder hier:
Und jezo was beginn' ich? Denn wer kauft mir's ab?

Trygäos
Geh nach Aegypten, dor verhandle deinen Kram:
Purganzen drin zu messen, taugt er immerhin.

Der Lanzenschäfter
O lieber Helmschmid, traurig, ach, ergeht es uns!

Trygäos
Dem ist ja gar kein Leid gescheh'n.

Der Helmschmid Ei, sage mir:
Was gibt es noch, wozu man Helme brauchen kann?

Trygäos *(faßt ihn an den Ohren)*
Wenn Einer solche Henkel dran zu machen weiß,
Denn findet er viel bessern Absaz als zuvor.

Der Helmschmid
Komm, Lanzenschäfter, gehen wir!

Trygäos Bewahre nein!
Erst kauf' ich diesem Manne noch die Lanzen ab.

Der Lanzenschäfter
Was gibts du?

Trygäos Sind sie durchgesägt, so nehm' ich sie
Zu Rebenpfählen, hundert um ein Drachmenstück.

Der Lanzenschäfter
Wir sind zum Spott hier; Freundchen, laß uns weiter gehn!

(Sie gehen.)

Dritte Scene

Trygäos. Der Chor. Mehrere Knaben.

Trygäos
Ja, geht: die Buben meiner Gäste kommen schon
Heraus, ihr Wasser abzuthun, sie wollen wohl
Sich vorbereiten zum Gesang, so scheint es mir.
(zu den ersten Knaben)
Tritt her zu mir, mein Söhnchen, und was immer du
Zu singen vorhast, das probir' erst hier einmal.

Der erste Knabe
"Hebt nun an den Gesang von gerüsteten Männern"

Trygäos

O still doch!
Nichts von gerüsteten Männern, zumal jezt Friede, du dreimal
Schändlicher, waltet im Land, fluchwürdiger, dummer Geselle!

Der Knabe

"Als nunmehr die Geschwader in einerlei Raum sich begegnet,
Trafen sich Lanzen und Schilde zugleich und genabelte Tartschen."

Trygäos

Schilde? So höre doch auf, uns stets an die Schilde zu mahnen!

Der Knabe

"Nun scholl Jammergeheul, nun Siegesgeschrei von den Männern."

Trygäos

Jammergeheul von den Männern? Du heulst noch, bei'm Dionysos,
Singst du von Jammergeheul, und dazu von genabeltem Jammer!

Der Knabe

Doch was soll ich denn singen? So sage mir, was dich erfreu'n mag.

Trygäos

"Also schmausten die Männer am Stierfleisch," oder dergleichen,
Sezten das Frühmal auf und sonst von den leckersten Bissen.

Der Knabe

"Also schmausten die Männer am Stierfleisch, lösten der Rosse
Triefende Nacken vom Joch, nachdem sie des Kriegs sich gesättigt."

Trygäos

So recht: sie waren kriegessatt, dann aßen sie.
Das singe, das, wie Alle satt noch aßen dort.

Der Knabe

"Alle, der Mahlzeit müde, behelmten sich"

Trygäos Lustig mit Wein wohl.

Der Knabe

"Strömten hinaus zu den Thoren, und endlos tobte der Kriegslärm."

Trygäos

Daß dich der Henker, Bube, dich samt deinem Krieg !
Du singst ja nichts als Kriege. Wem gehörst du denn?

Der Knabe
Ich?

Trygäos Allerdings du!

Der Knabe Bin der Sohn des Lamachos.

Trygäos
Ha, ha, ha!
Wahrlich, ein selstames Wunder erschiene mir's, wärst du der Sohn nicht
Eines dem Kampfe so holden und kampfwuthathmenden Vaters.
Auf, packe dich, den Lanzenträgern singe das!
(Der Sohn des Lamachos ab.)
Wo steckt mir denn das Söhnchen des Kleonymos?
Es du hineingehst, singe was; wohl weiß ich, du
Singst nicht von Händeln, du, des klugen Vaters Sohn.

Der Sohn des Kleonymos
"Freilich, ein Saier prangt in dem Schild nun, den ich gezwungen
Unten am Busch wegwarf, meinen untadlichen Schmuck"

Trygäos
Sage mir, Schwänzelchen, doch, dur singst auf deinen Papa dies?

Der Sohn des Kleonymos
"Aber ich kam mit dem Leben davon"

Trygäos Zur Schande der Eltern.
Nun laß hinein uns gehen; denn ich weiß gewiß,

Das Lied vom Schilde, welches du mir eben sangst,
Das wirst du nie vergessen, solches Vaters Sohn.

(Die Knaben ab in's Haus.)

Vierte Scene

Trygäos. Der Chor.

Trygäos

Ihr, die ihr hier bei'm Mahle weilt, Eins ist für euch noch übrig,
Nicht leer zu beißen, nein, mit Macht hier Alles rein zu fegen:
Ja, greifet heldenmüthig an,
Und haut mit beiden Backen ein! Zu Nichts, ihr armen Schlucker,
Sind euch die weißen Zähne nüz, die nichts zu kauen haben.

Der Chor

Wir werden hier schon sorgen; doch wohl thust du, uns zu mahnen.

Trygäos

Auf, ihr, noch eben hungrig, werft euch muthig auf die Hasen!
Nicht alle Tage will's das Glück,
Daß ihr auf leckre Kuchen trefft, die unbewacht umhergeh'n.

Drum esset brav; es möchte sonst in kurzem euch gereuen.

(Der Chor ordnet sich zum Festzuge.)

Der Chorführer

Voll Andacht schweigt! Jezt werde die Braut hierher aus dem Hause geleitet:
Nehmt Fackeln zur Hand, und es juble das Volk ringsher in freudigem Zuruf!
Und das Ackergeräth tragt alles mit euch jezt wieder hinaus in die Felder,
Nachdem wir getanzt, Trankopfer gesprengt, den Hyperbolos glücklich vertrieben,
Und den Göttern darauf im Gebete gefleht,
Dem Hellenengeschlecht Reichthum zu verleih'n,
Daß Gerste die Füll' im Lande wir bau'n,
Wir alle zumal,
Und des Weines die Füll' und die Feigen zum Schmaus,
Und daß sie mit Kindlein segnen die Frau'n,
Und alle das Gut, das wir lange vermißt,
Sich wieder für uns aufäufe, wie sonst,
Und die blinkenden Schwerter verschwinden!

(Opora wird als Braut geschmückt, mit Fackeln aus dem Hause hergeführt)

Trygäos

Komm, Weibchen, in's Feld hinaus!
Komm, Schöne, da sollst du schön

Mir ruhen im Arme!
Gib Segen, o Hymen!

Erster Halbchor
O Seliger, daß du jezt
Errangst das verdiente Glück!
Gib Segen, o Hymen!

Zweiter Halbchor
Wie ehren wir diese?

Erster Halbchor
Wie ehren wir diese?

Zweiter Halbchor
Wir pflücken die Blume.

Erster Halbchor
Wir pflücken die Blume.

Zweiter Halbchor
Wir heben ihn hoch empor,
Wir tragen den Bräutigam,
Vormänner des Zuges!

(Sie heben Braut und Bräutigam auf die Schultern.)

Der ganze Chor
Gib Segen, o Hymen!

Erster Halbchor
Schön wohnt ihr im Segen nun,
Von Mühen und Sorge frei,

Euch Feigen zu sammeln.
Gib Segen, o Hymen!

Zweiter Halbchor

Er hegt die gereifte Frucht;
Ihr duftet die Feige.
So ruft ihr am Mahl entrzückt,
So, wenn ihr im Weine schwelgt!
Gib Segen, o Hymen!

Trygäos *(an die Zuschauer)*

Froh jauchzet, o Männer, jauchzt,
Und kommt ihr, so werd' ich euch
Mit Kuchen bewirthen!